In 27/16941

Notice biographique sur Rameau.

DIJON

ADOLPHE GRANGE, IMPRIMEUR-ÉDITEUR

15, rue Bossuet, 15.

NOTICE BIOGRAPHIQUE

SUR

JEAN-PHILIPPE RAMEAU

PUBLIÉE A L'OCCASION

DE L'ANNIVERSAIRE SÉCULAIRE

DE SA MORT.

Par Charles Poisot.

Prix : 50 centimes.

Se vend au profit de l'érection de la Statue.

<table>
<tr><td>DIJON,</td><td>PARIS,</td></tr>
<tr><td>Mme DECAILLY
Libraire,
Place d'Armes.</td><td>E. DENTU
Libraire-Editeur de la Société
des gens de lettres,
Gal. d'Orl., Pal.-Royal.</td></tr>
</table>

Et chez tous les Libraires et Marchands de musique
de Paris et des départements.

1864

AU LECTEUR

Lorsque, il y a quatre ans, je réunis chez mon ami Jules Mercier les principaux musiciens dijonnais pour rédiger et signer ensemble une pétition à la ville de Dijon, afin d'être autorisés à ériger une statue monumentale en bronze à la mémoire de Rameau, nous espérions tous que *le 12 septembre 1864*, anniversaire séculaire de la mort du grand compositeur, ne se passerait point sans que le voile du monument ne tombât aux yeux d'une foule empressée et enthousiaste. La célébration solennelle de cet anniversaire ayant été reculée d'un an, nous devons au public l'explication de ce retard.

La pétition des douze artistes dijonnais fut remise à l'Institut, qui l'approuva après mûres réflexions. — Puis elle fut appuyée par la signature des musiciens les plus distingués de la France et de l'étranger. L'Académie de Dijon, dont Rameau a fait partie, s'associa au vœu des pétitionnaires, et l'an dernier, le Conseil municipal autorisa le projet par une délibération en date du 21 mai 1863.

D'autre part, le Conseil général de la Côte-d'Or vota en faveur de l'œuvre une première allocation de mille francs, et à la fin de 1863, deux Commissions se formèrent, tant à Dijon qu'à Paris, pour la réalisation du projet. Mais le choix du sculpteur ne fut définitivement arrêté que vers le commencement de janvier dernier, et les premières circulaires ne furent distribuées que dans le mois de mars suivant. La saison était alors trop avancée pour qu'on pût s'occuper utilement de l'organisation des fêtes et concerts, dont le produit devait augmenter nos ressources.

Toutefois, le ministère des beaux-arts a promis son appui, et dès à présent la souscription est ouverte :

A Dijon, chez M. Debry d'Arcy, trésorier général, rue Chabot-Charny, 26 ;

Et à Paris, chez M. Retté, rue Richelieu, 103.

MM. Kastner et Auber, membres de l'Institut, se sont généreusement inscrits en tête de la liste pour cent francs chacun.

A l'œuvre donc, Dijonnais, Bourguignons, Français, musiciens de tous pays, artistes et amateurs étrangers ! Que tout le monde, riche ou pauvre, verse son obole pour honorer la mémoire du Père de la Musique Française. Le génie est cosmopolite, l'art civilise l'humanité et n'a point de patrie bornée.

Charles POISOT.

Dijon, septembre 1864.

NOTICE BIOGRAPHIQUE

SUR

J. P. RAMEAU

Jean-Philippe RAMEAU est né à Dijon le 25 septembre 1683; il est mort à Paris le 12 septembre 1764. Sa vie comprend donc à peu près quatre-vingt-un ans, que nous diviserons en trois périodes successives :

1º Période de développement (1683 à 1722);
2º Période de maturité (1722 à 1752);
3º Période philosophique (1752 à 1764).

I

Contemporain de Bach et de Hændel, Rameau était fils d'un organiste qui devait son talent à M. Drey, chanoine musical de la Sainte-Chapelle de Dijon.

Sa sœur Catherine et son frère Claude furent tous deux de fort bons musiciens; mais lui, Jean-Philippe, « pouvait à peine remuer les « doigts, qu'il les promenait déjà sur le clavier « d'une épinette. » (Maret, page 6.)

Lulli était mort le 22 mars 1687, et Rameau, qui devait le suivre en agrandissant la scène de l'Opéra, n'était cependant point destiné par son père à la carrière des arts. Des arrangements de famille avaient décidé qu'il entrerait dans la magistrature; aussi fut-il mis au collége des Jésuites de Dijon.

Nous avons fort peu de documents sur l'enfance et la jeunesse de Rameau; nous savons seulement qu'il fut renvoyé à ses parents avant d'avoir achevé sa quatrième, et qu'il s'achemina vers l'Italie, n'ayant pas encore atteint sa vingtième année.

Comme Shakespeare et Molière, il voyagea d'abord et développa son génie au contact de la nature et des hommes. Il visita Milan, où il apprit sans doute le style de l'art vocal; puis il traversa Lyon et s'arrêta à Montpellier, où un musicien du nom de Lacroix lui enseigna la règle de l'octave.

Adolphe Adam *(Revue Contemporaine)* prétend que le père de Rameau envoya son fils en Italie pour étouffer une passion amoureuse qui aurait été inspirée au jeune homme par une jolie veuve de son voisinage.

Quoi qu'il en soit de cette aventure romanesque, il est certain que Rameau parcourut la Lombardie et le Midi de la France avec un directeur de théâtre auquel il s'était attaché comme premier violon, d'autres disent comme associé. Cette troupe nomade parcourut Marseille, Nîmes, Alby et d'autres villes. Rameau fit-il exécuter par cette troupe quelques essais dramatiques? Cela est possible; mais rien ne l'atteste d'une manière positive; toutefois, cette vie dut nécessairement développer l'instinct lyrique du grand compositeur.

Revenu à Dijon en 1705, Rameau refusa l'orgue de la Sainte-Chapelle qui lui était offert dans sa ville natale, et il alla à Paris l'année suivante publier un petit livre de Pièces de clavecin, gravées par Rousset (in-4° obl.).

Resta-t-il à Paris jusqu'en 1717, ou y retourna-t-il alors? Les biographes sont divisés sur ce point. Je crois plutôt qu'il revint dans cette ville pour y entendre le célèbre Marchand, organiste aux Cordeliers.

Rameau, pénétré d'admiration pour ce beau talent, fit une visite à l'illustre professeur; mais dès que celui-ci eût vu quelques pièces d'orgue de son jeune confrère, dès qu'il l'eût entendu, il fut tellement jaloux de la supériorité de l'artiste provincial, qu'il mit plus d'acharnement à le desservir qu'il n'avait montré d'obligeance à lui être utile. Il lui en donna bientôt une preuve manifeste : un concours ayant été ouvert à l'église de Saint-Paul pour la place d'organiste, Marchand, institué juge du concours, préféra

Daquin à Rameau. Le musicien dijonnais, injustement éconduit, accepta sans hésiter l'orgue de Saint-Etienne, à Lille, qu'il abandonna peu de temps après pour celui de la cathédrale de Clermont en Auvergne.

Jean-Philippe séjourna dans cette ville pendant quatre ans environ. Il y écrivit plusieurs cantates, des motets, des pièces d'orgue et de clavecin, et le célèbre *Traité de l'Harmonie*, qui devait être un de ses plus beaux titres de gloire. Muni de ce précieux bagage, le grand artiste résilie son engagement avec le Chapitre de Clermont, pour aller se fixer à Paris, seule résidence digne de son talent.

Nous allons voir, dans les deux périodes suivantes, comment chez Rameau la science s'unit au génie. Il dépassa bientôt son prédécesseur le florentin Lulli, dans la musique dramatique. Comme théoricien, sa découverte de la BASSE FONDAMENTALE lui mérita le surnom de *Newton de l'Harmonie*; précurseur de Gluck enfin, il a sur cet Allemand l'avantage de la musique instrumentale et de la musique de ballet, auquel il sut joindre la théorie et la composition de la musique religieuse.

Rameau représente donc tout l'Art Musical Français au 18ᵉ siècle. « Son système, dit M. Fétis (*Esquisse de l'Histoire de l'Harmonie, Gazette musicale,* année 1840, page 338), est l'ouvrage d'un homme supérieur et sera toujours signalé dans l'histoire de l'art comme une création du génie. La considération du renversement des accords, qui lui appartient, est une idée générale qui s'applique à toute bonne théorie et qu'on peut considérer comme le premier fondement de la science. »

II

Peu de temps après son établissement à Paris, Rameau prend possession de l'orgue de Sainte-Croix-de-la-Bretonnerie et il commence à professer. Le *Second livre de pièces de clavecin* le fait avantageusement connaître, et il s'essaie au théâtre par des fragments mêlés de chant et de danse.

Nous pensons qu'il serait difficile de retrouver la musique de Rameau faite pour les petites pièces que son compatriote Piron donnait à l'Opéra-Comique. Nous mentionnerons donc pour mémoire seulement les titres de *L'Endriague*, *La Rose*, *Le faux Prodigue*, *L'Enrôlement d'Arlequin;* mais ni ces ouvrages, ni les *Courses de Tempé*, représentées au Théâtre-Français, ne devaient asseoir la réputation dramatique de notre compositeur.

Rameau devait rester encore plus de dix ans avant de cueillir les palmes du théâtre. En attendant, il publia son *Traité de l'Harmonie, réduite à ses principes naturels*. Cet ouvrage, publié à Paris chez Ballard, en l'année 1722, forme un volume in-4º, divisé en quatre livres.

Il faudrait de trop longs développements pour apprécier suffisamment ici le mérite immense de ce traité. Nous nous réservons de le faire dans un travail de longue haleine, entrepris en collaboration avec M. Adolphe Grange.

S'appuyant sur les *Institutions Harmoniques* de Zarlino et sur le *Compendium* de Descartes, Rameau donna pour bases à la science harmonique les rapports mathématiques des nombres et les résonnances vibratoires du corps sonore. C'est toujours le point d'appui du système de Catel, sur lequel se fonde encore aujourd'hui l'enseignement du Conservatoire impérial de musique. Mais ce qui suffirait seul pour donner l'immortalité à Rameau, c'est sa découverte du RENVERSEMENT, mécanisme ingénieux qui fait découler tous les dérivés, d'accords fondamentaux contenus dans la limite nécessaire de l'octave, et son échelle de la série des nombres naturels, qui donne aux accords la disposition la plus sonore et en même temps la plus musicale que l'oreille puisse admettre.

En 1724, Rameau publie une nouvelle édition de ses premières pièces de clavecin, qui sont toutes d'une originalité remarquable. Nous citerons surtout dans ce recueil (1) le *Rappel des Oiseaux*, une *Musette* charmante en *mi* majeur, d'excellentes variations sur les *Niais de Sologne*, et le rondeau intitulé : *Les Cyclopes*, pièce d'un genre imitatif très piquant.

L'année 1726 donne le jour à un nouvel ouvrage théorique de Rameau; il le publie chez Ballard, comme le *Traité de l'Harmonie* auquel il sert d'introduction, et il l'intitule : *Nouveau système de Musique, où l'on découvre le principe de toutes les règles nécessaires à la pratique.*

Lè 25 février de cette même année, Rameau épouse Mlle Marie-Louise Mangot, dont il eut trois enfants. Elle lui a survécu.

---

(1) Schonenberger vient de le rééditer dans le 25e volume de sa *Bibliothèque du Pianiste.*

Jusqu'à présent, nous n'avons pu trouver qu'un seul des motets à grand chœur de Rameau : c'est un *Laboravi* à cinq voix avec accompagnement de basse chiffrée. Ce morceau est extrêmement remarquable comme science et comme vérité d'expression. Les parties en sont parfaitement traitées et l'effet doit en être saisissant.

Des cantates françaises intitulées : l'*Enlèvement d'Orythie*, le *Berger fidèle*, venaient prouver au public que Rameau savait aussi bien manier les voix seules que les agencer en chœur, et cependant on voit par sa lettre du 25 octobre 1727 à Houdart de La Motte, de l'Académie française, qu'il cherchait vainement encore un livret d'opéra.

Les années 1729 et 1730 se passèrent en polémiques théoriques, qu'on peut lire dans le *Mercure* de cette époque.

Mais le succès du *Jephté* de Montéclair fit revenir à Rameau l'idée de travailler pour le théâtre; toutefois, les poëmes n'abondant pas dans la demeure de l'artiste, il publia, en 1731, une *Nouvelle suite de Pièces de clavecin* où l'on remarqua, entre autres, une Sarabande en *la* majeur, une Gavotte variée qui a un grand caractère, une pièce fort originale où le chant de la poule est développé de main de maître, puis un Menuet et un air intitulé *Les Sauvages,* dont l'auteur se servit plus tard avec bonheur dans ses ouvrages lyriques. L'année 1731 vit encore paraître une *Dissertation sur les différentes méthodes d'accompagnement pour le clavecin,* dont J. J. Rousseau fait l'éloge dans son Dictionnaire de musique.

Enfin, le moment approchait où Rameau allait jouir du fruit de ses efforts persévérants. M. de la Popelinière, riche fermier-général, à la femme duquel l'habile claveciniste donnait leçon, entretenait à son service un orchestre où les compositeurs pouvaient faire essayer les ouvrages qu'ils destinaient à la publicité.

Le banquier-mécène mit en rapport Rameau avec l'abbé Pellegrin, sur lequel on avait fait ce distique fameux :

« Le matin catholique et le soir idolâtre,
« Il dîne de l'autel et soupe du théâtre. »

Pellegrin avait près de soixante-dix ans quand M. de la Popelinière lui demanda un poëme pour son jeune protégé, débutant qui atteignait presque la cinquantaine. Le poëte, se défiant de son collaborateur, avait d'abord exigé une obligation de 500 livres avant de se mettre au travail; mais quand il eût assisté au succès de l'audition préalable qui eut lieu chez le fermier-général : « Monsieur, dit-il au compositeur, quand on fait de si belle musique, on n'a pas besoin de caution. Voici votre billet; si l'ouvrage ne réussit pas, ce sera ma faute, et non la vôtre. » Et, devant tout le monde, il déchira l'obligation que Rameau lui avait souscrite.

Le grand succès d'*Hippolyte et Aricie*, qui fut représenté à l'Opéra pour la première fois le jeudi 1er octobre 1733, tout en réalisant la prédiction de Pellegrin, vengea Rameau de la méchanceté de ses confrères et de la cabale de ses ennemis.

Ce qui étonna surtout dans cet ouvrage, ce furent la nouveauté et l'imprévu des modulations, la force de l'harmonie et les combinaisons de l'instrumentation. Rameau abandonnait l'ancien système de Lulli; il faisait faire des rentrées aux divers instruments de l'orchestre;

il inaugurait, en un mot, l'essai de ce qui s'est constamment pratiqué depuis.

Le public fut étonné de cette musique bien plus riche et plus colorée que celle à laquelle on était habitué. Il se forma deux camps : celui des Lullistes et celui des Ramistes, comme plus tard on eut la guerre des Gluckistes avec les Piccinistes. Néanmoins, le nouveau genre fut goûté, et l'on finit par l'applaudir avec enthousiasme. Campra, compositeur distingué, qui d'abord avait fait de l'opposition contre le nouveau venu, en compagnie de Colasse, Desmarets, de Blamont, Mouret et autres, vint dire au prince de Conti, après la première représentation d'*Hippolyte* : « Monseigneur, il y a assez de musique dans cet opéra pour en faire dix ; cet homme nous éclipsera tous. »

Le mot de Campra se vérifia : jusqu'à sa mort, jusqu'au début de Gluck, Rameau tint le sceptre incontesté de l'Opéra français. Ses ouvrages eurent toujours plus de succès aux reprises qu'aux premières représentations, et nous sommes certain qu'aujourd'hui encore sa musique, bien exécutée, produirait un grand effet sur la scène lyrique.

Désormais le génie de Rameau avait pris son essor. Il donna successivement à l'Académie royale de musique :

Les Indes galantes (23 août 1735), ballet héroïque de Fuzelier, repris l'année suivante avec l'Entrée des Sauvages;

Castor et Pollux (jeudi 24 octobre 1737), tragédie en cinq actes, généralement regardée comme son chef-d'œuvre.

La composition de cet ouvrage dramatique n'empêcha point Rameau de publier dans la même année son *Traité de la Génération harmonique*, dédié à MM. de l'Académie des sciences. « Aux yeux du commun des hommes, dit « l'auteur dans sa dédicace, la Musique est un « art frivole; mais à ceux des personnes éclai- « rées, elle est une science fondée principale- « ment sur les rapports des nombres, et qui en « enseignant à flatter l'oreille, fournit à la rai- « son de quoi s'exercer. »

Le cadre que nous nous sommes tracé ne nous permet pas d'analyser ici toutes les beau- tés renfermées dans chacune des partitions de Rameau. Qu'il nous suffise de signaler encore :

Dardanus, tragédie lyrique représentée pour

la première fois le jeudi 19 novembre 1739 et souvent reprise.

Le ballet des *Talents lyriques* ou les *Fêtes d'Hébé*, dont l'imprimeur Bernaudat vient de publier l'Ouverture pour piano à quatre mains. On reconnaît dans cette musique une largeur de style et une vigueur de facture qui ne vieilliront point.

La fièvre de production ne quitte plus Rameau, arrivé maintenant à la pleine maturité, à l'apogée de son talent.

En 1741, il livre à l'impression des Pièces de clavecin en concerts, pleines de cachet et tout à fait caractéristiques. Si de bons artistes voulaient exécuter en public ces cinq suites, en se familiarisant, au préalable, avec le style du maître, ils trouveraient là ample récolte d'argent et de gloire.

Il est à désirer qu'on donne une nouvelle édition de ces pièces, maintenant épuisées, et qu'un violoncelliste habile se mette à la *viola di gamba*, instrument indispensable pour l'exécution exacte de ces charmants morceaux.

En 1742, on reprit *Hippolyte et Aricie*, puis les *Indes Galantes*, puis *Dardanus*. Rameau avait soixante-un ans; il commençait à obtenir l'estime et la confiance du roi. On songea à lui et à Voltaire pour les fêtes brillantes destinées à célébrer le mariage du Dauphin avec l'infante d'Espagne. On construisit à cette occasion un magnifique théâtre dans le manége de la grande écurie de Versailles, et l'on y représenta successivement les intermèdes de la *Princesse de Navarre*, le *Temple de la Gloire* et les *Fêtes de Polymnie*.

Pour sa récompense, Rameau fut nommé *compositeur de la musique du cabinet du roi*, titre spécialement créé pour lui, avec 2000 livres de pension viagère.

En 1747, on représenta à Versailles, puis à Paris, un nouveau ballet en trois actes de Cahusac et Rameau; il était intitulé : *Les Fêtes de l'Hymen et de l'Amour*. Il fut suivi de *Pygmalion*, poëme de Lamotte, dont l'ouverture fut arrangée pour le clavecin par Balbâtre, élève de Rameau. C'est alors que Rebel et Francœur, surintendants de la musique du roi et cessionnaires de la ville de Paris pour le privilége de l'Opéra, constituèrent à Rameau une pension annuelle de 1500 livres qui lui fut payée jusqu'à sa mort, indépendamment des honoraires convenus entre les parties pour la musique des ouvrages nouveaux.

Zaïs, ballet héroïque sur livret de Cahusac, fut représenté en 1748. L'année 1749 fut féconde en nouveautés; on y donna successivement : *Platée*, ballet bouffon très réussi; *Naïs*, opéra pour la paix, et *Zoroastre*, tragédie lyrique qui eut grand succès. Elle fut traduite en italien et jouée à Dresde pendant la saison du carnaval.

Ces travaux dramatiques n'empêchèrent point Rameau de publier, en 1750, une *Nouvelle Démonstration du principe de l'Harmonie*, qui obtint des conclusions favorables de la part des commissaires de l'Académie des sciences.

La *Guirlande*, ballet de Marmontel en un acte, fut suivie d'*Acanthe et Céphise*, pastorale du même auteur, qui fut représentée le 18 novembre 1751.

En juillet 1752, Rameau obtint son admission dans une société littéraire établie à Dijon chez M. le président de Ruffey. Nous pensons que cette société donna naissance à l'Académie de Dijon, car Rameau ne fut reçu dans ce corps savant qu'en 1761.

III

La dernière période-de la vie de Rameau comprend les douze années qui ont précédé sa mort; elle peut, à bon droit, être appelée période philosophique. En effet, son génie théâtral n'a plus la même importance; et bien que, jusqu'à la fin de sa carrière il ait toujours écrit des ballets, genre dans lequel il excellait, l'esprit de Rameau semble s'être porté tout particulièrement vers le côté didactique et esthétique de l'art musical, phase spéciale qui caractérise une nouvelle tendance de ce cerveau puissant, si complexe et si fortement organisé.

L'année 1752 nous offre une polémique de Rameau contre Estève de Montpellier et contre le géomètre Euler, qui niait l'identité des octaves. 1753 voit éclore *Daphnis et Eglé, Lysis et Délie,* nouveaux ballets écrits pour l'Académie royale. En 1754, le musicien-philosophe publie ses *Observations sur notre instinct pour la Musique, et sur son principe*. Rameau avait fait école ; Dalembert et Béthizy écrivaient des livres théoriques suivant ses principes, et Delaborde, l'auteur des *Essais sur la Musique*, le reconnaissait ouvertement pour son maître. *Anacréon, Zéphire, Nélée et Myrtis, Io*, la *Fête de Pamélie*, viennent grossir encore le nombre considérable des ballets de Rameau; en 1755 et 1756, le célèbre théoricien écrit à Dalembert pour relever les Erreurs sur la Musique, contenues dans l'*Encyclopédie*.

Une polémique assez vive de Jean-Jacques n'empêche pas Rameau de composer, en 1757, deux nouveaux ballets : *Les Surprises de l'Amour* et *Le Retour d'Astrée*. En 1759, il donne encore *Les Sybarites,* avec Marmontel, puis son *Code de Musique,* qui est confié, en 1760, aux presses de l'imprimerie royale.

Les Paladins sont le dernier ouvrage lyrique de Rameau représenté de son vivant. On peut en consulter la partition *autographe,* manuscrit précieux conservé à la bibliothèque impériale de Paris. La gaîté et le comique dominent dans ce ballet joué pour la première fois à l'Académie royale de musique, le mardi 12 février 1760.

C'est le 22 mai 1761 que Rameau a été admis comme associé à l'Académie de Dijon. Il fut très sensible à cette distinction, et depuis lors il ne fit aucun ouvrage sans l'offrir à l'Académie.

A cette époque se rapporte aussi la composition de son ouvrage philosophique sur l'*Origine des Sciences*, qui est fort rare aujourd'hui. En 1762, Rameau écrivit une *Lettre aux Philosophes*, insérée dans la quinzième lettre de Fréron.

Decroix, auteur anonyme du volume intitulé : *L'Ami des Arts*, signale trois motets à grands chœurs, que je n'ai vu nulle part; ils commencent par ces mots : *Quam dilecta; In convertendo; Deus noster refugium*. Ce même auteur cite aussi plusieurs cantates manuscrites intitulées : *L'Impatience, Orphée, Thétis* (à deux voix); *Les Amants trahis* (id.); *Médée* et l'*Absence;* et de plus deux opéras inédits : *Linus* et *Abaris*. Enfin, la bibliothèque impériale possède le dernier ouvrage sorti de la plume de Rameau : c'est une tragédie lyrique intitulée : *Les Boréades*, que l'Opéra allait répéter, lorsque l'auteur mourut le 12 septembre 1764. Il serait digne de notre première scène lyrique d'exhumer ces précieuses reliques et de montrer à nos contemporains ce qu'était la musique du plus grand compositeur français du siècle dernier.

Rameau fut inhumé avec pompe à l'église Saint-Eustache; aucune inscription ne relate ce fait artistique important. Espérons que la ville de Paris ne voudra pas que cette date soit reléguée dans la poussière des bibliothèques. Le voyageur, l'étranger, l'artiste doivent savoir où reposent les cendres de Rameau.

Pour corroborer nos opinions relativement au mérite de Rameau, nous citerons ce qu'en dit un excellent juge, feu Adolphe Adam de l'Institut : « Rameau eut le rare et peut-être « unique privilége d'être à la fois un grand « théoricien et un grand compositeur. La théo- « rie exige, en effet, une sûreté de calcul, un « sang-froid de tête qui semble devoir exclure « la chaleur et la vivacité d'imagination indis- « pensables au compositeur dramatique, et

« pourtant Rameau brilla sous ces deux as-
« pects. »

(Constitutionnel du 10 septembre 1843.)

Jean-Jacques Rousseau, qni fut presque l'en-
nemi personnel de Rameau, dit cependant de
lui : « Il faudrait que la nation lui rendît bien
« des honneurs pour lui accorder *ce qu'elle lui*
« *doit*. » (*Œuvres diverses*, tome 2, page 376).

Enfin Decroix, dans son *Ami des Arts* (Am-
sterdam; anonyme, pages 95 et suiv.), porte
ce jugement remarquable :

« Rameau est le plus étonnant peut-être de
tous les grands hommes qui auront illustré le
18e siècle, après M. de Voltaire; « Quels fruits
« ne devait-on pas attendre de l'union d'un tel
« poëte avec un tel musicien, si leurs ennemis,
« persuadés de leurs succès, ne s'étaient réunis
« contre leur premier ouvrage (1), et ne les

------

(1) Il s'agit de la tragédie de *Samson*, que la
cabale vint à bout de faire supprimer en 1732.
On accusa les auteurs d'impiété.

« avaient rebutés dès leur entrée dans la car-
« rière? »

Nous ne saurions terminer cet opuscule sans faire un appel à tous les amateurs, collectionneurs, archivistes, bibliophiles et artistes qui pourraient nous donner des renseignements sur les particularités peu connues de la vie de Rameau, ainsi que sur les ouvrages inédits qu'il a laissés et que l'on croit perdus.

Les communications que l'on voudrait bien nous faire seront accueillies avec empressement :

Soit à Paris, chez M. Charles Poisot, rue Neuve-Bossuet, 16;

Soit à Dijon, chez M. Adolphe Grange, imprimeur, rue Bossuet, 15.

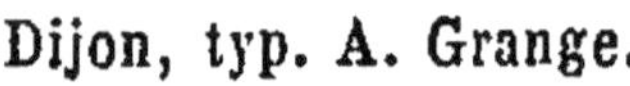

Dijon, typ. A. Grange.